AF261563

CAPITAINE P. LANCRENON

DE L'ARTILLERIE COLONIALE

LES TRAVAUX

DE LA

MISSION TÉLÉGRAPHIQUE DU TCHAD

(1910-1913)

PRIX : **2 FRANCS**

PUBLICATION

DU

COMITÉ DE L'AFRIQUE FRANÇAISE

21, Rue Cassette, 21

PARIS

1914

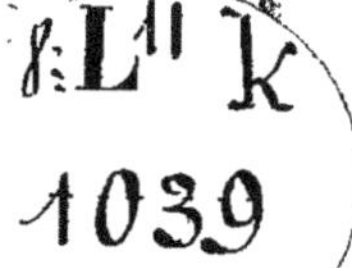

CAPITAINE P. LANCRENON

DE L'ARTILLERIE COLONIALE

LES TRAVAUX

DE LA

MISSION TÉLÉGRAPHIQUE

DU TCHAD

(1910-1913)

PRIX : **2** FRANCS

PUBLICATION

DU

COMITÉ DE L'AFRIQUE FRANÇAISE

21, Rue Cassette, 21

PARIS

1914

LES TRAVAUX

DE LA

MISSION TÉLÉGRAPHIQUE DU TCHAD

(1910-1913)

L'Afrique Equatoriale avait toujours souffert des difficultés et de la lenteur imposées par la nature à ses communications intérieures. Une part importante de l'emprunt de 21 millions accordé à la colonie en 1910 fut donc consacrée à la construction des lignes télégraphiques les plus urgentes, et les premiers efforts furent orientés de manière à tirer de son isolement la région qui en souffrait le plus : le territoire militaire du Tchad.

Le but à atteindre était de relier Fort-Lamy le plus rapidement possible, d'une part avec Bangui et Brazzaville, d'autre part avec le réseau de l'Afrique Occidentale, et par lui avec Dakar et la France.

Même en utilisant la ligne belge déjà construite le long du Congo, depuis le Stanley-Pool jusqu'en face de Liranga, au confluent de l'Oubangui, il restait encore à combler un intervalle de 2.200 kilomètres entre ce poste et N'Guigmi, premier bureau télégraphique de l'Afrique Occidentale Française au Nord du Tchad.

Les travaux commencèrent partout en 1910 et se poursuivirent sans interruption ; la T. S. F. fut installée entre Fort-Lamy et N'Guigmi dans le courant de 1912, et enfin le 11 octobre de cette même année, j'ai eu la satisfaction de passer le premier télégramme de Kabo à Fort-Crampel, soudant ainsi le dernier maillon de cette chaîne immense qui relie le câble Brest-Dakar aux points les plus méridionaux de notre Afrique Equatoriale.

Au Sud de Fort-Crampel, dans les colonies de l'Oubangui-Chari et du Moyen Congo, la ligne à construire a été partagée en sections dont furent chargés officiers ou administrateurs les mieux placés pour s'en occuper.

La construction du plus gros morceau, de Fort-Crampel à Fort-Lamy, presque entièrement situé sur le territoire militaire, fut confiée à une mission spéciale dont, en mars 1910, M. le Gouverneur général me confia le commandement.

Parti de Bordeaux le 25 février 1910, aussitôt après avoir préparé les commandes de matériel, je me rendais bien compte que j'entreprenais une lourde tâche, mais je ne me doutais pas qu'elle serait si rude ; car c'est seulement le 13 mars 1913 que j'ai revu les rives de la Gironde, après avoir rempli ma mission et lui avoir consacré pendant ces trois années tout mon temps et toutes mes forces.

Le projet établi par le Service des Travaux publics de la colonie avait évalué à 1.008 kilomètres la longueur de la ligne à construire. C'étaient donc 120 tonnes environ de matériel dont il fallait organiser le transport à pied-d'œuvre.

Connaissant déjà par expérience les avantages de la ligne de ravitaillement Niger Bénoué-Toubouri-Logone, sachant que tous les moyens de

transport sur le Congo et l'Oubangui allaient
être encombrés par le matériel destiné aux autres
lignes et à la mission de la route du Chari, je
demandai à tout recevoir autant que possible par
la Nigéria. Mais, pour ne pas gêner le ravitaillement du territoire militaire, il fut décidé que
60 tonnes seulement seraient expédiées en mai 1910
pour arriver en Afrique à la saison des hautes
eaux, et que le reste suivrait en 1911 à la même
époque.

Un mois passé à Brazzaville, où vint me rejoindre le maréchal des logis Perret, puis quelques jours à Bangui me permirent de fixer dans
ses grandes lignes le programme des travaux à
entreprendre, conformément aux instructions des
autorités de la colonie ; le 14 mai je quittais M. le
Gouverneur Fourneau pour aller rejoindre ma
zone d'opérations.

J'ai dû, dès le début, reprendre une habitude
déjà acquise lors de mon premier séjour au territoire : dans ce pays, chacun fait, non seulement
ce qu'il a à faire, mais bien d'autres choses encore.

Ces travaux supplémentaires compliquent évidemment l'existence ; cependant, il est bien rare
qu'on ne puisse pas les mener à bien, en même
temps que sa tâche principale. C'est ce qui m'est
constamment arrivé : tout en ne perdant jamais
de vue la mission télégraphique proprement dite,
j'ai eu à aborder et souvent à résoudre de nombreux problèmes fort intéressants pour l'avenir
du pays, et presque toujours d'une utilité pratique immédiate.

Pour commencer, ce fut une étude détaillée
des rivières Kémo et Tomi entre Fort-de-Possel
et Fort-Sibut.

La route du Chari, dont les études étaient alors
très avancées sous la direction du capitaine Vey-

rier, devait améliorer les communications sur la partie la plus difficile de la ligne de portage entre Fort-Sibut et Fort-Crampel. Mais elle commençait ainsi à 100 kilomètres de l'Oubangui.

Pour atteindre Fort-Sibut, il fallait suivre quatre jours un sentier médiocre, franchir de nombreux ruisseaux sur des ponts de fortune; et cependant on attendait prochainement tout le gros outillage, un cylindre à vapeur, des tonnes de ciment, trois automobiles. Il y avait donc urgence à rétablir la navigation à peu près abandonnée depuis quelques années sur la tortueuse et rapide Tomi, qui descend de Fort-Sibut vers la Kémo et l'Oubangui.

Quinze jours d'études me permirent de confirmer l'opinion déjà exprimée auparavant par plusieurs camarades : la Kémo et la Tomi sont navigables aux hautes eaux pour des baleinières ou des chalands, et même pour des embarcations à moteurs ; les pirogues peuvent suivre ces rivières presque toute l'année. Mais il faut entretenir constamment le chenal souvent encombré par des branches, des troncs immergés, ou même des arbres entiers tombés d'une rive à l'autre. Ce travail n'avait pas été fait depuis plusieurs années ; la végétation intense qui borde la Tomi avait repris ses droits, mais sans cependant m'empêcher de passer et de rapporter une carte avec des indications précises sur tous les obstacles à détruire.

Les crédits furent accordés immédiatement, les travaux entrepris par la mission Veyrier, et depuis, la voie fluviale a été de plus en plus utilisée pour les transports de marchandises entre Fort-de-Possel et Fort-Sibut. Le cylindre à vapeur et les automobiles sont arrivés sur chalands à ce dernier poste sans aucune difficulté.

A deux étapes au delà de Fort-Sibut, j'ai trouvé

mon camarade Veyrier travaillant avec acharne-
ment pour achever les études de sa route. Il avait
trouvé un tracé satisfaisant sur la moitié du parcours jusqu'à Dékoa, mais de ce point à Fort-
Crampel, l'itinéraire étudié le long de la rivière
Nana présentait de nombreux inconvénients. J'ai
accepté immédiatement d'en chercher un autre
en passant, et c'est à Uékoa que nous avons pris
réellement la brousse pour ne plus guère la quitter avant le jour du retour.

Je note cet événement, car il me donne l'occasion de faire comprendre l'énorme dépense
d'énergie physique que doivent se résigner à faire
tous ceux qui, en Afrique particulièrement, cher-
chent à tracer des voies de communication. Dans
tous les pays, les hommes utilisent des sentiers
ou des routes. Même sur notre sol de France
dont toutes les parcelles ont été aplanies par le
travail des générations successives, l'expérience
prouve qu'une troupe, escouade ou corps d'ar-
mée, voit sa marche considérablement retardée
dès qu'elle quitte les chemins pour passer à travers champs.

En Afrique Centrale, si l'on s'éloigne des plan-
tations qui entourent les villages, sans suivre
les sentiers frayés, on trouve le terrain parsemé
d'embûches. Les grandes herbes, souvent reliées
entre elles par de petites lianes tenaces, sont
trempées le matin d'une rosée glaciale, puis in-
terceptent tout souffle d'air dans la journée, en-
tretenant une chaleur étouffante.

Elles dissimulent les crevasses laissées par
l'inondation dernière, les termitières traîtresses,
des bois tombés à terre. Aussi les bêtes elles-
mêmes ont-elles leurs sentiers, souvent très bien
frayés. Les singes et les éléphants sont plus
particulièrement soigneux pour entretenir les
leurs.

Après les incendies annuels malheureusement

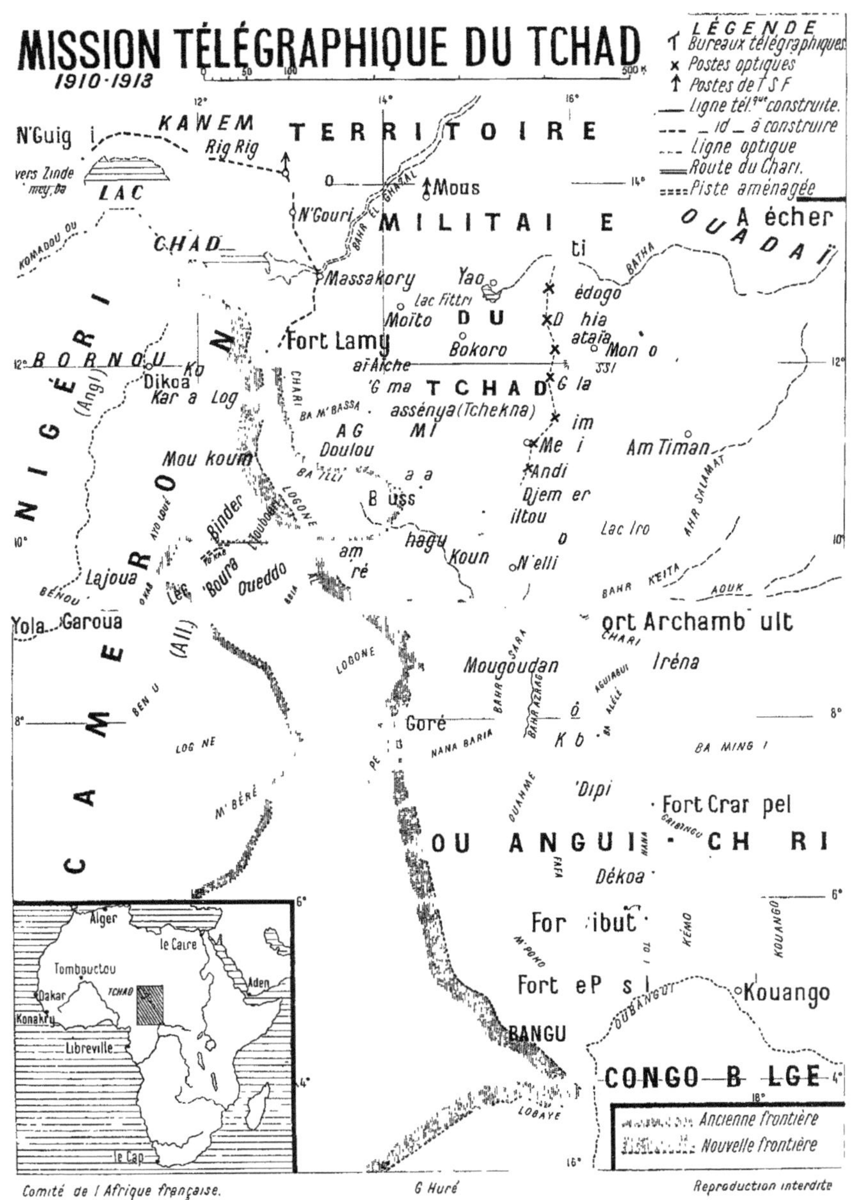

MISSION TÉLÉGRAPHIQUE DU TCHAD
1910-1913
LÉGENDE
Bureaux télégraphiques
Postes optiques
Postes de T S F
Ligne tél.que construite.
_ id _ à construire
Ligne optique
Route du Chari.
Piste aménagée
N'Guig
vers Zinder
mey ba
KANEM
Rig Rig
TERRITOIRE
LAC
KOMADOU OU
CHAD
N'Gouri
Mous
MILITAI E
OUADAI
A écher
ti
BATHA
Massakory
Yao
édogo
Moïto
Lac Fittri
DU
D hia
Fort Lamy
Bokoro
ataïa
Mon o
BORNOU
Dikoa
ai Aïche
551
Kar a Log
G ma
TCHAD
G la
CHARI
BA M'BASSA
assénya (Tchekna)
im
AG
Doulou
MI
Me i
Am Timan
NIGÉRI
Mou koum
Andi
(Angl)
BA ILLI
a a
Djem er
BAHR SALAMAT
B uss
iltou
O
Binder
Koubou
LOGONE
hagu
Koun
N'elli
Lac Iro
Lajoua
Boura
Oueddo
am
ré
BAHR KEITA
AOUK
BÉNOU
Lee
Yola
Garoua
ort Archamb ult
CAMEROU
(All.)
LOGONE
Iréna
BEN U
Mougoudan
Goré
NANA BARIA
Ô
K b
BA MING
LOG NE
M'BÉRÉ
'Dipi
Fort Crar pel
OU ANGUI
CH RI
Dékoa
Alger
le Caire
For ibut
KÉMO
KOUANGO
Tombouctou
TCHAD
Aden
Fort eP s
Kouango
Dakar
Konakry
OUBANGUI
Libreville
BANGU
CONGO B LGE
le Cap
Ancienne frontière
Nouvelle frontière
LOBAYE
Comité de l'Afrique française.
G Huré
Reproduction interdite

trop fréquents, les herbes sont quelquefois suffisamment brûlées pour ne plus entraver la marche. Mais ordinairement les grosses tiges restent,
durcies par le feu, rendant la circulation encore
plus difficile, donnant au Blanc la couleur de ses
Nègres au bout d'une heure de route. .

Si l'on s'avance vers le Nord, les herbes dimi-
nuent de hauteur, mais les arbres et buissons
deviennent de plus en plus dangereux à frôler.
Finalement, quand on arrive au Kanem, il faut
se résigner à trouver des pointes partout : petites
graminées fines qui pénètrent par tous les inters-
tices pour se piquer dans les chaussettes du
voyageur pédestre ; « cram-cram », qui s'attachent
à ses genoux et à ses jambes ; épines crochues,
traitreusement disposées, qui déchirent ses vêtements.

Je connaissais tout cela, mais je ne m'en étais
jamais beaucoup occupé parce qu'à mon premier
séjour au Congo, j'avais toujours recherché les
sentiers pour circuler. Cette fois, il a fallu les
éviter par principe, et souffrir tous les jours de
la lutte avec la brousse hostile. Nous avons fini
par en prendre l'habitude, mais nos vêtements
n'ont jamais pu s'y faire.

Entre Dékoa et Fort-Crampel, le maréchal des
logis Perret a été bien servi pour ses débuts :
région inhospitalière, presque désertique, fourrés
impénétrables qu'il a fallu percer à la hache sur
plusieurs kilomètres de long ; nous avons une
fois sérieusement souffert de la soif, mais nous
sommes arrivés le sixième jour ayant réussi au
delà de nos espérances. Le tracé ainsi reconnu
s'est trouvé tellement supérieur à l'ancien qu'il a
été adopté immédiatement. Et en rentrant en
Francé, ma mission terminée, j'ai eu la satisfaction de revoir les mêmes coins de brousse, mais
en circulant sur une route magnifique qui m'a
permis de refaire en deux jours, sans fatigue, ces

80 kilomètres dont j'avais gardé bien mauvais souvenir.

C'est aussi au cours de cette première reconnaissance que j'ai pu apprécier réellement à l'œuvre le maréchal des logis Perret. Il était déjà un bon militaire ; il est devenu un vrai colonial de valeur exceptionnelle. Pendant deux ans, il m'a secondé en tout et m'a remplacé souvent complètement pendant de longues périodes où j'ai dû abandonner la direction immédiate des travaux. Partout et toujours, il a admirablement réussi et de tous mes collaborateurs, c'est à lui que revient la plus grande part du succès final.

C'est donc seulement le 20 juin 1910 qu'ont commencé de Fort-Crampel les études proprement dites de la mission.

J'ai souvent pensé, au cours de ces journées interminables où je comptais mes pas dans la forêt ou sur les savanes (il faut bien penser à quelque chose), à ce qui serait arrivé si les Romains avaient appliqué nos méthodes de colonisation, et s'ils avaient connu le télégraphe.

Evidemment, César, après avoir conquis la Gaule, serait allé s'installer quelque part pour faire noircir beaucoup de parchemins. Il aurait très probablement choisi Lutèce comme capitale et se serait empressé de faire assurer ses communications avec Rome.

Je m'imagine très bien les impressions du camarade auquel on aurait dit ceci il y a vingt siècles :

« Vous allez établir une ligne télégraphique de Marseille à Paris ; mais comme nos moyens de transport sont encombrés sur les routes d'Italie, on vous enverra tout votre matériel par mer jusqu'à la Loire. D'un point bien choisi sur votre fil, vous ferez partir une ligne optique qui devra atteindre Bruxelles. Enfin vous vous arrangerez pour étudier, en profitant d'un moment libre, le prolongement de la ligne électrique depuis Paris jusqu'à Lorient.

« Vous n'aurez pas à vous préoccuper de construire à Marseille, mais vous bâtirez des maisons pour abriter vos postes : une à Paris et quatre autres échelonnées sur la ligne principale. On vous donne pour cela 8 centurions et soldats, mais vous pourrez employer des Gaulois tant que vous voudrez à condition de les payer. »

Par expérience, je sais parfaitement ce qu'aurait fait le Romain chargé d'un pareil travail, car nous avons achevé en trois ans une œuvre absolument analogue.

La longueur de la ligne électrique posée de Fort-Crampel à Fort-Lamy a été ramenée à 860 kilomètres par un tracé rationnel de la piste. Une ligne optique de 400 kilomètres a commencé à fonctionner en mai 1912 entre Miltou, bureau télégraphique sur le Chari, et Ati, poste important au bord du Batha, sur la route d'Abécher. La ligne de Fort-Lamy à Mao et N'Guigmi était entièrement étudiée, et son tracé déjà piqueté jusqu'à Rig-Rig sur 375 kilomètres au moment où est arrivé l'ordre d'interrompre les travaux pour installer la télégraphie sans fil dans cette région.

Cinq bâtiments permanents en briques ont été construits pour installer les bureaux télégraphiques.

Enfin, pour faciliter l'arrivée du matériel, j'ai dû rechercher les améliorations que l'on pouvait apporter à notre voie de communication principale, notamment en faisant les études du canal entre Toubouri et Logone.

Généralement, quand on veut poser une ligne télégraphique, on la met le long des routes existantes. Dans notre cas, la seule route régulièrement suivie était le fleuve : Gribingui et Chari ont toujours été exclusivement employés pour le transport du personnel et des marchandises.

Le projet primitif avait donc tout simplement prévu que le fil suivrait le bord de l'eau.

Mais cette solution a dû être abandonnée immédiatement : en raison des pluies, les cours d'eau inondent leurs rives à de grandes distances et rendent impraticables les vastes plaines qui les bordent ; ils se perdent en détours qu'il eût été bien inutile de faire suivre à la ligne. Enfin les insectes dangereux, la tsé-tsé en particulier, élisent plus volontiers domicile sur leurs bords.

Il a donc fallu se lancer résolument à travers les terres. Mais là, aucune autre route n'existait que les pistes indigènes. Celles-ci étaient déjà en partie connues, suffisamment en tout cas pour montrer qu'elles étaient inutilisables. La nécessité s'imposait donc de tracer entièrement une voie nouvelle aussi courte et aussi praticable que possible reliant les différents postes à desservir.

J'ai eu heureusement, pour la fixer dans ses grandes lignes, le secours précieux de trois reconnaissances effectuées auparavant par des camarades.

Le capitaine Blard et l'adjoint à l'intendance Boissel avaient étudié chacun un itinéraire de Fort-Crampel à Fort-Archambault, l'un longeant d'assez près le Gribingui, l'autre s'en écartant complètement. Le lieutenant Ferrandi avait de son côté reconnu les zones les plus favorables à la pose de la ligne entre Fort-Lamy et Fort-Archambault. Ces travaux m'ont fait gagner beaucoup de temps et m'ont permis d'orienter suffisamment mes recherches dès le début pour ne pas faire trop de chemin inutile.

La ligne devait évidemment desservir autant que possible les postes militaires ou administratifs. C'est pourquoi le passage par Kabo, Fort-Archambault et Massénya s'imposait. Mais entre ces deux derniers postes l'on pouvait : ou passer le plus haut possible sur la rive droite du Chari, ce qui eût pu se faire sans grands travaux d'une seule portée de fil ; ou profiter des terrains plus favorables de la rive gauche jusqu'à Bousso et franchir le fleuve seulement en ce point à l'aide d'ouvrages d'art assez considérables.

Le colonel Moll aurait préféré la première solution. Mais j'avais reçu des instructions de M. le lieutenant-gouverneur Fourneau pour étudier d'abord la deuxième, et je lui ai trouvé des avantages assez nets pour obtenir du colonel qu'il approuvât le nouveau projet. L'année suivante, le colonel Largeau ayant décidé de transférer à Miltou l'ancien poste de Damraou, ce tracé fut adopté définitivement, et j'eus ainsi la chance de pouvoir utiliser complètement pour ouvrir la piste télégraphique tous les travaux topographiques entrepris précédemment.

Car les points de passage principaux une fois choisis, il fallait encore de l'un à l'autre déterminer exactement sur le terrain où seraient plantés les poteaux.

Sans avoir la prétention de faire un projet de route complet, j'ai cherché cependant à obtenir une piste rationnelle pouvant être utilisée dans les meilleures conditions par les commerçants et les passagers voyageant par terre. L'intérêt général était en effet d'accord avec l'intérêt particulier du service télégraphique, tout ce qui faciliterait la circulation le long de la ligne devant permettre plus tard une surveillance plus active et des réparations plus rapides.

Les travaux à effectuer ont donc été les suivants :

1° Reconnaître toute la zone que devait traverser la ligne, en cherchant la position des villages, puits, etc., près desquels il y avait intérêt à passer, et celle des collines trop abruptes, zones désertiques ou marécageuses, qu'il fallait absolument éviter. Déterminer tout cela par des opérations topographiques aussi exactes que possible, soit en levant les sentiers existants, soit en faisant des itinéraires à travers brousse;

2° Etablir avec ces données une carte à grande échelle, et la réduire ensuite pour avoir une vue générale de la région étudiée;

3° Fixer sur cette carte le tracé le plus logique;

4° Reporter celui-ci très exactement sur le terrain et piqueter la piste en coupant seulement les arbres gênant les visées utiles pour le travail topographique;

5° Déboiser la piste sur la largeur nécessaire pour mettre le fil à l'abri de toute chute d'arbres ou de branches;

6° Couper les poteaux, les porter à leur place et enfin poser la ligne.

Il serait trop long d'exposer ici les méthodes topographiques assez originales employées.

Celles-ci seront discutées plus tard dans une autre étude. Je dois cependant dire que tous les sentiers intéressants ont été chaînés au cours des premières reconnaissances avec un cordeau ou un fil métallique de 50 mètres, l'azimut de chaque portée étant pris à la boussole (1).

Les levés à travers brousse ont été faits à la boussole et au double pas.

Le tracé définitif de la piste a été déterminé sur le terrain à l'aide de la planchette déclinée et de l'alidade nivelatrice, et sa longueur a été chaînée avec un fil métallique de 75 mètres.

J'ai comparé précédemment à celles de la France les dimensions du pays où nous avons

---

(1) L'ecart de fermeture d'un circuit levé par cette méthode n'a jamais depassé 1/100ᵉ de la longueur du circuit.

travaillé. Il ne faudrait pas cependant pousser trop loin l'analogie.

Aux environs de Fort-Crampel, le sol est assez accidenté; dans la région au Nord de Miltou, des pitons rocheux se sont trouvés à point pour servir à l'installation des postes optiques; au Kanem les dunes de sable dominent quelquefois de 50 à 60 mètres le fond des oueds. A part ces exceptions, toute la région qui nous intéresse est uniformément plate. Par conséquent, les points de passage obligés ayant été déterminés comme nous l'avons vu plus haut, la piste devait aller en ligne droite de l'une à l'autre.

Je n'ai pas manqué de la tracer ainsi toutes les fois que c'était possible, ce qui s'est trouvé le cas général.

Le Romain dont j'ai parlé n'aurait pas fait autrement.

Assez courts dans la région très marécageuse du Bas-Chari, les alignements droits s'allongent souvent jusqu'à 15 et 20 kilomètres dans le Baguirmi et la circonscription de Fort-Archambault. Le plus grand aboutit au Bahr-Sara et sa longueur atteint 36 kilomètres.

Mais nous ne voyions pas encore si loin en quittant Fort-Crampel le 21 juin 1910. La saison des pluies battait son plein, et le moment était bien mal choisi pour faire de la topographie. Les tornades nous ont souvent retardés, nous avons pataugé dans l'eau et dans la vase, mais nous sommes passés. Généralement Perret faisait le levé du sentier et moi un itinéraire dans la brousse. Passant par Kabo, Fort-Archambault, Niellim, Bousso, Massénya, nous sommes arrivés à Fort-Lamy le 25 août, ayant rempli bien des feuilles de papier millimétré. Le plus gros de la reconnaissance générale était en somme terminé, et mon second en avait appris assez pour pouvoir terminer seul les morceaux à refaire.

Je pouvais donc m'occuper d'autre chose.

Le ravitaillement était signalé sur la Bénoué, et il fallait aller surveiller l'arrivée des caisses. J'attendais en effet par cette voie tout l'outillage, la baleinière en acier destinée à la mission, la moitié des appareils et du matériel de la ligne.

Le vieux et brave vapeur *Léon-Blot* partait pour le Logone le 3 septembre et je profitai de l'occasion. Après avoir revu avec plaisir les rives du Logone et les cases en forme d'obus du pays Mousgou, je débarquais six jours plus tard sur l'îlot de Éré en compagnie de mon camarade Bouhaben et de quatre sous-officiers.

J'avais déjà vu ce village aux basses eaux sans me douter de ce qu'il devenait à l'époque des crues. Nous y avons trouvé les habitants serrés par l'inondation sur les parcelles de terre émergeant au-dessus de l'eau. Pour sortir, il fallait descendre dedans jusqu'au cou. C'est ainsi que nous avons commencé la première étape vers le Toubouri, pour la parcourir ensuite presque entièrement dans 20 à 40 centimètres d'eau, à pied naturellement. Plus loin on rencontre des seuils moins mouillés, puis de nouvelles dépressions où l'on repatauge.

Au total, marche très pénible et fatigante, route presque impraticable pour le portage : et cependant le ravitaillement avec tout mon matériel devait prochainement passer par là. Dès les premiers jours j'ai commencé à réfléchir pour chercher une solution, que j'ai enfin trouvée plus tard.

Peu encombré de bagages, j'ai filé devant par Binder, pour arriver à Léré le 19. Une grosse déception m'y attendait : les avis d'expédition annonçaient bien au complet l'outillage, la baleinière, les appareils, le fil, mais seulement quelques isolateurs sans un seul tirefond pour les fixer sur les poteaux.

2

J'ai su plus tard que le fournisseur s'était mis en retard et que, son envoi ayant manqué le départ du bateau pour les bouches du Niger, on avait dirigé les caisses sur Brazzaville par Matadi.

La simple conséquence de ce changement de direction devait être un retard de six mois dans l'ouverture des travaux.

Ayant mis en route vers le Logone, les caisses les plus urgentes et la baleinière très bien divisée d'avance en charges faciles à porter, j'avais le temps de descendre aux nouvelles à Garoua; je n'y ai malheureusement rien appris de consolant, mais j'ai fait un voyage fort intéressant.

Le poste allemand de Garoua est actuellement sur la Bénoué le point terminus de la navigation des vapeurs, qui s'arrêtent au beau quai en pierre construit devant les factoreries. Quand le trafic se développera vers le haut pays, il perdra certainement ce privilège, car aucune raison sérieuse n'oblige le moteur mécanique à céder en cet endroit la place au moteur humain.

La Niger Company a le monopole des transports par eau sur la rivière et c'est elle qui s'est toujours chargée de monter le cargo français jusqu'à Léré.

Pour cette courte campagne portant en somme sur un faible tonnage, elle n'avait pas intérêt à employer de grands moyens, et elle s'est contentée de mettre en service entre Garoua et Léré les barges qui lui servent aux basses eaux à remplacer entre Lokodja et Yola ses grands vapeurs, quand ceux-ci ne peuvent plus circuler.

Mais, descendant le Mayo Kabi en pirogue, et tout en admirant ses rives pittoresques, j'ai cherché en vain l'obstacle capable d'arrêter le patron énergique d'un bon bateau. Ayant vu se vapeurs français passer vaillamment au milieu des rapides et des remous de l'Oubangui, j'affirme

LÉRÉ. — UNE RUE DU VILLAGE MOUNDAN

qu'un remorqueur pas trop poussif arriverait sans
courir aucun danger au moins jusqu'à Lajoua,
à l'ancienne frontière allemande, pendant plusieurs mois chaque année. Quand ce perfection-
nement se sera imposé, le transport des marchandises vers le Tchad par la Bénoué sera
sensiblement plus rapide, plus sûr et plus économique.

Les maisons de commerce de Garoua sont
achalandées et semblent faire des affaires im-
portantes, mais tout est vendu à des prix exorbi-
tants.

Le poste allemand est assez convenable ;
cependant la profondeur de l'énorme fossé qui
l'entoure étonne un peu si l'on connaît le ca-
ractère éminemment pacifique des Foulbés de
cette région. Reçu très correctement par le capitaine résident, je suis d'ailleurs reparti le soir
même du jour où j'avais débarqué. Le voyage
de retour par terre s'est effectué rapidement, me
mettant en contact pour la première fois avec
les populations Peul. Je connaissais trop la sa-
leté des villages arabes ou Moundans pour ne
pas admirer ici les allées bien garnies de sable
blanc, des cases très soignées et surtout du lait
frais dans des calebasses propres ! Les Foulbés
du Cameroun m'ont laissé un souvenir extrêmement sympathique.

Après un arrêt trop court à Léré, j'ai filé de
nouveau vers le Logone, mais en profitant cette
fois d'une embarcation pour visiter le lac Toubouri et la rivière Kabbia par laquelle toutes les
caisses remontent jusqu'au village de Pogo. Les
pièces de la baleinière et le sapeur Julien, venu
sur mon ordre de Fort-Lamy pour les assembler,
m'attendaient en ce point; j'installai le chantier
à l'endroit qui me parut le plus favorable au bord
de la zone d'inondation du Logone.

Mon intention était de faire avec Julien le

montage complet sur boulons, puis de partir pour Fort-Lamy, le laissant seul avec quelques indigènes pour terminer le rivetage.

En quatre jours, les 100 et quelques pièces déposées par les porteurs sous un arbre se trouvèrent donc réunies pour former un joli bateau, de forme gracieuse; mais quand j'ai voulu partir j'ai appris qu'il n'y avait aucune embarcation disponible sur le Logone. Ayant hâte de rentrer à Fort-Lamy retrouver mon personnel qui venait d'arriver, j'ai dû adopter la seule solution possible: partir par nos propres moyens, donc nous mettre au travail; nous avons pris chacun le marteau et la bouterolle, commençant par river le maître couple suivant les recommandations du constructeur; puis Julien s'est chargé de l'arrière, moi de l'avant. Je n'aurais jamais cru qu'il y avait tant de rivets dans une baleinière; nous fournissions dix ou onze heures de travail par jour, mais je ne me suis pas révélé trop mauvais mécanicien puisque le huitième jour j'ai atteint l'étrave, pendant que Julien dont c'était le métier rivait les supports du gouvernail.

Malheureusement, l'inondation s'était retirée pendant ce temps, si bien qu'il a fallu un bon coup d'épaule donné par les Bananas pour pousser notre embarcation sur les eaux libres du Logone, en face de Ham.

Mais nous n'avions pas le temps d'admirer longtemps notre œuvre. Tout de suite elle a reçu une tente sur un cadre de bambous, ses flancs se sont remplis de toutes les caisses qui ont pu y tenir et le courant a commencé à nous porter vers le Nord, peu secondé dans son action par de nonchalants pagayeurs.

Le 8 novembre je débarquais enfin à Fort-Lamy.

Mes instructions avaient été bien suivies et tout

mon personnel arrivé en octobre s'était mis au travail sous la direction du maréchal des logis Perret. Une crue exceptionnelle du Chari inondait encore tous les environs et empêchait de commencer aucune opération à l'extérieur. Mais l'ouvrage ne manquait pas sur place, et c'est pendant ces derniers mois de 1910 que chacun fit son apprentissage de briquetier, maçon, menuisier, mécanicien, etc...

Les ouvriers indigènes formés pendant cette période ont constitué le noyau des diverses équipes utilisées plus tard. Les murs du bureau télégraphique sont bien vite sortis de terre et en décembre tout était assez avancé pour me permettre de partir sans crainte.

Le mois de novembre fut égayé à Fort-Lamy par l'arrivée et le séjour d'une sympathique caravane anglaise : M. et Mme Talbot, accompagnant miss Mac Leod, la fiancée du malheureux lieutenant Boyd-Alexander (1). J'avais déjà eu le plaisir de les trouver à Garoua et de faciliter leur voyage. Une entente cordiale s'établit tout à fait entre eux et la garnison dès leur arrivée au cheflieu, et j'ai eu moi-même la chance de les rencontrer encore plusieurs fois au cours de mes pérignations.

J'espère que nos aimables hôtes n'auront pas gardé trop mauvais souvenir de leur séjour au territoire.

Mais ce fut aussi l'époque où nous parvint la terrible nouvelle du combat de Doroté, et je ne peux penser sans émotion à ce soir où le commandant Maillard nous annonça la perte immense que nous venions de faire.

J'avais rencontré le colonel Moll sur la Sanga en 1905, arrivant alors du Haut-Logone qu'il se préparait à étudier avec sa mission de délimitation.

---

(1) *Afrique française*, 1913, p. 62

J'avais eu l'honneur de collaborer à ses travaux et c'est avec joie que j'étais revenu au territoire pour servir sous ses ordres. Mon excellent camarade Joly venait à peine de quitter Fort-Lamy, rêvant de glorieux combats. et le même jour tous deux étaient tombés avec tant d'autres braves!

En Afrique on cherche l'oubli de ses peines dans le travail. Le 9 décembre, les premiers arbres tombaient pour dégager la piste télégraphique, tandis que je commençais le piquetage avec le maréchal des logis Perret.

Les débuts furent particulièrement difficiles. Fort-Lamy est entouré d'une zone basse toute sillonnée de Bahrs entre lesquels s'étendent des champs d'argile noire, crevassée profondément dès qu'elle est sèche, où chevaux et bœufs enfoncent souvent jusqu'au poitrail quand elle est détrempée.

Après bien des recherches, nous sommes arrivés à trouver un tracé, très brisé malheureusement, mais à peu près praticable jusqu'au Bahr-Ligna.

À l'Est de cette dépression, le terrain, tout en restant assez difficile dans le Baguirmi, s'améliore un peu. Les tâtonnements sont ainsi devenus plus courts et le travail du piquetage put commencer à marcher plus vite, pour prendre bientôt l'allure normale de 6 à 7 kilomètres par jour qu'il a conservée par la suite.

Tous les chantiers ayant été mis en train vers cette époque, je profite de l'occasion pour donner une vue d'ensemble sur l'organisation adoptée.

1° *Le chantier de piquetage*, dirigé par un sous-officier assisté d'un autre Européen, faisait les opérations topographiques nécessaires à la détermination des alignements. et plantait un piquet à l'emplacement de chaque poteau, coupant juste les arbres qui gênaient les visées. Son travail se trouvait très facilité le long des grandes lignes droites qu'il suffisait de suivre en alignant des rhires, une fois la première direction trouvée. Le chef de chantier laissait à son aide la direction immédiate de l'équipe (2t ou 30 hommes), et était constamment en reconnaissance en avant, à travers brousse.

Il était ainsi le mieux placé pour découvrir les bois pouvant fournir des poteaux. Aussi le chantier était-il chargé en même temps de couper ceux-ci et de les réunir par tas. On les laissait ensuite sécher à leur aise en attendant l'arrivée des manœuvres qui devaient les transporter sur la piste.

La direction de ce travail était particulièrement délicate et j'avais cru d'abord que je serais obligé de l'assurer moi-même. Mais j'ai trouvé tant de bonne volonté, d'intelligence et de conscience chez mes subordonnés, que je n'ai pas hésité à les livrer à leur initiative après un court apprentissage. Le maréchal des logis Perret a fait presque tout le piquetage et le levé de la piste à la planchette de Fort-Lamy à Fort-Archambault; le brigadier Violante a mené à bien la même tâche de Fort-Archambault à Fort-Crampel. Tous deux ont admirablement réussi et peuvent être fiers de l'œuvre accomplie.

Je leur dois les périodes de liberté pendant lesquelles j'ai pu entreprendre de fructueuses tournées.

2° *Le chantier de débroussement* suivait, dirigé par un sous-officier employant en moyenne une centaine de travailleurs. Le but à atteindre était de mettre la future ligne à l'abri de toute rupture causée par la chute d'un arbre ou d'une branche. On aurait donc pu laisser les buisssons, mais par contre, il aurait fallu abattre tous les arbres dont la distance au fil était inférieure à leur hauteur.

Or, il était nécessaire de rendre la piste prati-

cable, et également de ne pas tomber dans l'exa-
gération, en s'attaquant à de gros arbres n'ayant
aucune chance de tomber.

J'ai admis une cote mal taillée et fixé à 20
mètres uniformément la largeur du débroussement. Cette dimension s'est montrée très suffisante et dès les premiers hivernages nous avons
constaté que la ligne était ainsi très bien pro-
tégée.

Mais un petit calcul à l'usage des écoles pri-
maires montre que cette allée large de 20 mètres
et longue de 860 kilomètres a une superficie de
1.720 hectares. Ceux-ci ont été défrichés en
372 jours. A lui seul, le chantier de débroussement a utilisé près de 40.000 journées de travailleurs (la journée n'était pas de huit heures, mais
plutôt de douze ou treize heures). Le maréchal
des logis Bocabarteille, puis le brigadier Violante,
et enfin le caporal Strappe ont assumé successivement la lourde charge de sa direction. L'ave-
nue, presque toujours en droite ligne à perte de
vue, a été dès les premiers jours très appréciée
des voyageurs blancs et noirs. Elle a été kilomé-
trée d'un bout à l'autre pour le plus grand plaisir des passagers. Mais beaucoup de camarades,
tout en reconnaissant ses avantages, l'ont trouvée
bien monotone à suivre, et ont regretté l'ancien
sentier tortueux et pittoresque. Je suis entièrement de leur avis, mais nous avons ainsi rac-
courci la ligne de 150 kilomètres. Le résultat
était assez appréciable pour compenser la peine
éprouvée par les amoureux de la belle nature.

Et puis souvent l'œuvre ne manque pas de
grandeur. A l'Est de Fort-Archambault, j'étais
passé plusieurs fois sous les arbres sans découvrir
aucune pente appréciable à noter sur mon car-
net d'itinéraires, ne comprenant pas l'utilité
d'un petit ravin desséché qu'il fallait toujours
franchir. Quand la piste a été ouverte, une im-

mense vallée est apparue, dont les versants sont inclinés en pente insensible vers le fameux ravin, et compris entre deux crêtes éloignées de 16 kilomètres.

Si bien qu'à peine sortis de Gaïom pour se diriger vers l'Est, les porteurs montrent au Blanc qu'ils convoient son prochain gîte d'étape, Ga-Missi. Enchanté de rencontrer une étape si courte, le voyageur se croit arrivé, ne se doutant pas que pendant quatre heures il va pester contre les lignes droites de la mission télégraphique.

3° *Transport des poteaux.*

Nous avons vu que les poteaux étaient coupés par le chantier de piquetage là où il en trouvait. Avant de dire toutes les difficultés qu'a rencontrées leur transport, je dois répondre à une objection qui m'a été faite cent fois :

Pourquoi n'avez-vous pas immédiatement construit la ligne sur des poteaux en fer, au lieu de vous donner tant de mal pour planter des bois qui servent maintenant de « repas aux termites » ?

Réponse : Pour poser la ligne sur poteaux en bois, il a fallu importer de France 120 tonnes de matériel; les moyens de transport à notre disposition nous les ont péniblement fournies en deux années.

Si nous avions voulu employer des poteaux métalliques, le poids total se fût élevé à 650 tonnes ; pour les amener au Tchad il eût fallu ou travailler une dizaine d'années ou attendre la construction du chemin de fer.

Je suis cependant absolument d'avis de faire progressivement la substitution en équipant d'abord sur appuis en fer les portions de ligne qui traversent les régions dépourvues de beaux bois : les environs de Miltou et le Baguirmi.

En attendant, nous avons pris toutes les précautions possibles pour assurer la conservation des poteaux plantés. Ceux-ci ont été choisis avec

soin parmi les essences extrêmement durcs que
nous avons heureusement trouvées dans le pays.
Tous ont été brûlés à la base sur la partie qui
devait se trouver en terre. J'estime qu'ils devront
être en moyenne remplacés tous les quatre ans.

Mais ces bois, même bien secs, sont d'une den-
sité exceptionnelle. Quand nous avons pu en
transporter par eau, ils étaient maintenus avec
des chaînes sous la coque de la baleinière qui
en avait sa bonne charge quand elle en suppor-
tait une douzaine. Pour transporter par terre un
seul poteau, il fallait généralement 6 ou 8 hommes.

Or, nous avons rencontré souvent des zones de
30 à 40 kilomètres couvertes seulement de gom-
miers ou d'arbustes en bois tendre inutilisables.
Si l'on songe que nous avons planté environ 12.000
appuis, on peut se rendre compte du travail formidable qu'a exigé leur transport.

J'avais demandé des triqueballes, mais je ne
les ai jamais reçus. Il a donc fallu s'en tirer avec
les moyens du pays et utiliser principalement le
portage à tête d'homme. Cependant, dans la région au Nord de Miltou où les animaux domes-
tiques peuvent travailler sans souffrir du climat,
les poteaux ont pu être traînés à leur place par
des attelages de bœufs. Après bien des tâtonnements, nous sommes arrivés à construire un joug
assez robuste adapté à ce service particulier.

La mission a eu jusqu'à 20 attelages travaillant
à la fois sous la direction d'un contremaître sénégalais et les résultats ont été excellents. Mais,
quand plus tard nous avons reçu au Tchad les pho-
tographies de l'*Illustration* représentant l'exode
des peuples balkaniques pendant la guerre, j'ai eu
la surprise de voir leurs chariots attelés avec
ce même joug primitif que nous avions été si
fiers de trouver.

4° *Construction de la ligne.*

C'est seulement le 1ᵉʳ juillet 1911, précisément

au début de la saison des pluies, que nous sont
parvenues par le Congo, avec six grands mois de
retard, les caisses d'isolateurs et de tirefonds. A
ce moment, le débroussement était déjà très

UN MONTEUR TÉLÉGRAPHISTE AU SOMMET D'UN POTEAU

avancé, presque tous les poteaux étaient en place,
et nous avons cherché à rattraper le temps perdu.
Le sergent Pénard et le sergent Schmit s'y sont
employés successivement avec une activité remarquable. On construit une ligne en Afrique
tout comme en France, mais les conditions de la
vie sont beaucoup plus dures, surtout quand on

choisit comme nous la plus mauvaise saison pour
la passer dehors. Souvent les manœuvres chargés
de faire les fouilles devaient épuiser l'eau à mesure qu'ils creusaient leur trou, en se protégeant
par de petites digues pour ne pas être envahis
par le marais voisin. En arrivant dans le Sud se
sont présentés de fréquents bancs de latérite
très compacte que les barres à mine avaient peine
à attaquer. Malgré tout, l'équipe (50 hommes
environ) a fait à peu près 100 kilomètres par
mois en moyenne, tant qu'elle n'a pas été arrêtée
faute de matériel.

5° *Construction des bâtiments.*

La mission avait aussi à assurer la construction
de six bâtiments permanents dans les postes suivants où devait être installé un bureau télégraphique : Fort-Lamy, Massénya, Bousso, Miltou,
Fort-Archambault et Kabo.

Nous n'étions pas assez riches pour faire venir
des toitures en tôle ondulée.

Je m'étais donc résigné d'abord à couvrir en
chaume tous les bâtiments. Mais arrivé sur
place, ayant vu brûler deux fois une partie du
poste à Fort-Lamy, ayant constaté les terribles
dégâts souvent commis par la foudre, j'ai renoncé
à cette solution si simple pour entreprendre une
expérience qui a enfin réussi après m'avoir donné
bien des ennuis.

La toiture en terrasse couverte simplement
d'argile bien damée est couramment adoptée au
Soudan, et même au Kanem où elle tient bien
parce qu'il ne pleut pas beaucoup.

Quelques essais avaient été faits à Fort-Lamy
et avaient généralement échoué. On n'avait
jamais tenté d'utiliser ce système plus au Sud.
J'ai bâti des cases à toit plat jusqu'à Fort-
Archambault, mais en les couvrant par-dessus la
couche d'argile avec des carreaux en terre cuite.
Pour réussir, il faut: 1° employer pour soutenir

ce toit très lourd, des bois assez forts pour ne pas fléchir, même légèrement ; 2° fabriquer des carreaux compacts, imperméables à l'eau ; 3° les rejointoyer soigneusement ; 4° ne mettre aucun obstacle à l'écoulement des eaux, ce qui oblige à supprimer toute corniche ou couronnement au-dessus des murs.

Je n'ai appris cela que par expérience : à Fort-Lamy, des bois ont fléchi, les gargouilles se sont trouvées insuffisantes pour évacuer rapidement les eaux au dela de la corniche. Il y a donc eu des réparations à faire, mais l'ensemble a tenu parce que les matériaux étaient de très bonne qualité. A Massénya, nous n'avons pu trouver de bonne terre à brique ; un hivernage précoce est venu surprendre les maçons avant l'achèvement de la construction, et il a fallu presque tout reprendre à la saison sèche suivante. À Bousso, le type d'architecture était trouvé, et il a été adopté presque sans modification à Miltou et à Fort-Archambault.

Par suite d'un malentendu, le bureau de Kabo n'a pu être construit par la mission, et le bâtiment a été fait par les soins de l'administrateur, chef de poste.

Les architectes et maçons ont été le maréchal des logis Colombiès, le brigadier Ognier et aussi, successivement, tous les autres sous-officiers qui venaient de temps en temps se reposer de leurs longs séjours dans la brousse en dirigeant les chantiers sédentaires.

Dans chacun des cinq postes, il a fallu construire les fours à briques, couper, équarrir, travailler tous les bois de charpente, fabriquer les portes, les fenêtres, leurs encadrements et le mobilier, mouler et cuire environ 120.000 briques et 16.000 carreaux, enfin monter le tout.

De même que les matériaux, la main-d'œuvre a toujours été trouvée entièrement sur place.

Les Européens ont dressé patiemment leurs ouvriers, qui ont fait des progrès rapides. Pour
chaque construction nouvelle, on profitait de
l'expérience acquise en montant les précédentes.
Le résultat final a été le suivant: en 104 jours

BUREAU TÉLÉGRAPHIQUE DE BOUSSO

de travail effectif, le bâtiment de Fort-Archambault a été terminé.

Main-d'œuvre indigène. — Les ouvriers permanents ont toujours été engagés volontaires.
Leur solde a varié de 0 fr. 30 à 1 franc par jour,
ne montant qu'exceptionnellement à un taux
plus élevé.

Ce très beau résultat doit être attribué en
grande partie à ce que la ration (mil et viande) a
toujours été donnée en nature.

Chaque chef de chantier gérait un ordinaire,
se ravitaillait sur le pays ou recevait ses vivres

Tableau indiquant la marche des chantiers.

	Sections	Longueurs	Date du commencement des travaux	Date d'achèvement
		Kilomètres		
Piquetage et coupe des poteaux	Fort-Lamy-Massénya......	168,500	9 décembre 1910	14 janvier 1911
	Massénya-Bousso........	137,000	30 janvier 1911	26 février 1911
	Bousso-Miltou...........	86,700	13 mars 1911	7 avril 1911
	Miltou-Fort-Archambault..	177,600	9 avril 1911	19 mai 1911
	Fort-Archambault-Kabo...	184,800	6 février 1912	20 mars 1912
	Kabo-Fort-Crampel........	104,800	21 mars 1912	18 avril 1912
Débroussement	Fort-Lamy-Massénya......	168,500	9 décembre 1910	19 février 1911
	Massénya-Bousso........	137,000	24 février 1911	26 mars 1911
	Bousso-Miltou...........	86,700	28 mars 1911	1er mai 1911
	Miltou-Fort-Archambault..	177,600	3 mai 1911	19 juin 1911
	Fort-Archambault-Kabo...	184,800	12 février 1912	24 mai 1912
	Kabo-Fort-Crampel.......	104,800	14 juin 1912	30 août 1912
Construction de ligne	Fort-Lamy-Massénya......	168,500	5 juillet 1911	31 août 1911
	Massénya-Bousso........	137,000	4 septembre 1911	6 octobre 1911
	Bousso-Miltou...........	86,700	10 octobre 1911	27 octobre 1911
	Miltou-Fort-Archambault..	177,600	2 novembre 1911	19 janvier 1912
	Fort-Archambault-Kabo...	184,800	14 février 1912	21 juin 1912
	Kabo-Fort-Crampel.......	104,800	22 juin 1912	30 août 1912

d'un camarade mieux placé pour faire les achats. Quelques femmes de travailleurs étaient même payées pour faire la cuisine et chacun, sa journée finie, n'avait plus qu'à manger et à dormir.

Les plus gros travaux, principalement le débroussement et le transport des poteaux, ont été faits par des manœuvres temporaires. Ceux-ci ont très généralement été fournis sans aucune difficulté par les chefs indigènes. Le sultan du Baguirmi s'est particulièrement distingué pour assurer leur recrutement. Chaque village fournissait pour une dizaine de jours une corvée dont l'importance était proportionnée à ses moyens. Chacun était nourri et payé, puis rentrait chez lui, sa tâche accomplie.

Deux fois seulement, j'ai dû demander le secours de quelques tirailleurs ou gardes régionaux pour éviter des pertes de temps.

Nous avons ainsi bénéficié de l'œuvre considérable accomplie depuis la conquête pour l'organisation et la pacification du pays.

Partout règne la confiance et chacun en profite. En toutes circonstances, d'ailleurs, au territoire militaire, nous avons eu pour faciliter notre tâche le concours le plus absolu des commandants de circonscriptions et de subdivisions. Je leur en garde à tous une profonde reconnaissance.

La direction des divers chantiers a donc pu être confiée presque constamment aux sous-officiers de la mission, ce qui laissait à leur chef le temps de faire face à des préoccupations d'ordre général.

Celles-ci furent souvent très absorbantes, mais j'ai pu, heureusement, m'en dégager plusieurs fois pour entreprendre autre chose. Après avoir fait avec Perret, en février 1911, le piquetage de la piste sur une section qui m'intéressait particulièrement entre Massénya et Bousso, je me suis trouvé dans ce dernier poste pour voir arriver le colonel Largeau et prendre ses instructions. J'étais alors très préoccupé de la manière dont allaient être organisés les prochains transports de matériel. On annonçait par la Bénoué, au mois de septembre, 500 tonnes à transporter au territoire. Les 60 tonnes destinées à la mission ne pouvaient avoir la prétention de passer avant les autres ; tous les retards dont j'avais souffert dans la campagne précédente, beaucoup moins chargée, allaient donc se renouveler et je craignais fort de voir ainsi compromise la bonne marche des travaux. Le colonel m'autorisa à aller passer quelque temps sur le Logone pour étudier les améliorations qu'il était possible d'apporter à la voie de ravitaillement.

A la suite de mon voyage à Garoua, en 1910, le commandant Maillard m'avait demandé un rapport. Je m'étais trouvé absolument d'accord avec tous les camarades qui s'étaient occupés de cette question, en préconisant les moyens suivants :

Navigation de Garoua à Léré ;

Portage ou roulage de Léré à M'Bourao sur 80 kilomètres environ pour contourner les chutes du Mayo-Kabi.

Navigation sur le Toubouri, la Kabbia et la dépression de Pogo, de M'Bourao jusqu'à Pogo.

De Pogo jusqu'au Logone, aucun moyen pratique de faire passer les charges n'avait encore été trouvé. J'ai déjà décrit la route de 50 kilomètres environ aboutissant à Eré. Une autre, préférable à première vue, puisqu'elle n'avait que 30 kilomètres environ, rejoignait le fleuve en face de Ham en longeant au plus près la frontière allemande.

J'étais revenu par là en novembre 1910 et ayant déjà une certaine expérience des mauvais chemins, j'avais dû reconnaître n'en avoir jamais découvert d'aussi détestable. A chaque pas, l'on enfonçait dans des fondrières. Ayant une peine infinie à avancer moi-même, je souffrais de voir les malheureux porteurs trébucher dans la vase infecte et marcher ainsi souvent pendant 2 ou 3 kilomètres sans trouver une motte de terre sèche pour y déposer leur caisse et souffler un instant. On n'avait d'ailleurs pu faire passer ainsi que les charges les plus urgentes ; les autres avaient attendu à Pogo que le soleil eût un peu séché la route.

Or le Logone, qui sert ensuite au transport du ravitaillement jusqu'à Fort-Lamy, est parfaitement navigable pour les vapeurs et les chalands jusqu'en novembre. Mais déjà, à cette saison, ses eaux baissent très rapidement et dès le mois de décembre on ne peut plus y faire passer que des baleinières peu chargées.

Le problème était donc nettement posé : si l'on voulait attendre en 1911 l'assèchement des marais du Logone pour porter les charges au fleuve, il fallait se résigner à les voir s'accumuler à Ham et descendre péniblement à Fort-Lamy en traînant sur les bancs de sable.

Si, au contraire, on voulait profiter de la crue pour charger la plus grande partie du ravitaillement sur les vapeurs et les chalands de la flottille, il fallait trouver le moyen de faire passer les caisses entre Pogo et Ham en plein hivernage.

Des crédits étaient prévus pour les travaux, mais quelle était la vraie solution ?

Chaussée, canal, ou combinaison des deux ? Seul, un nivellement de précision pouvait permettre de la déterminer.

Le 22 mars 1911, muni d'un niveau à lunette prêté par la mission Veyrier, je rencontrais à Ham le capitaine Varigault. Nous avions ordre de travailler ensemble pour établir le projet définitif des travaux à entreprendre.

Cette fois, le sol était sec et on n'enfonçait plus,

mais l'eau en se retirant avait laissé des crevasses, des cavités souterraines bien désagréables encore. S'il avait fallu élever un remblai sur un pareil terrain, je crois qu'il se serait enfoncé dès le premier hivernage.

Varigault s'est chargé des levés topographiques, je me suis mis au niveau, et nous avons commencé par lever et niveler une piste déjà tracée jusqu'à la dépression de Pogo. Le résultat se trouva plus favorable que je n'aurais osé l'espérer : le pays était suffisamment plat pour qu'un canal fût possible à creuser sans grands frais ; le niveau du Logone étant plus élevé que celui de la dépression de Pogo, le canal serait alimenté par le fleuve et pourrait être utilisé même après la baisse des eaux dans la Kabbia, et dans les dépressions tributaires.

Restait à trouver le tracé du canal et à établir le profil en long. J'avais déjà trop fait de lignes droites pour changer mes habitudes. Après avoir cherché le point de départ le plus favorable en utilisant encore sur 2 kilomètres une petite dépression voisine du village de Oueddou, nous sommes donc partis en alignement droit vers l'Est. La chance nous a extraordinairement favorisés. Le tracé est passé du premier coup entre les mamelons, coupant les seuils à leur point le plus bas, et aboutissant juste sur la boucle la plus prononcée vers l'Ouest de la rivière Kolobo, faux bras du Logone communiquant avec le fleuve. Les opérations sur le terrain se sont ainsi poursuivies sans arrêt pour se terminer le 4 avril. Le canal exactement rectiligne devait avoir 24 kilomètres. Le cheminement complet au niveau se refermait avec une erreur de 0 m. 15 après 417 stations réparties sur 68 kilomètres.

Il ne restait plus qu'à faire le calcul des terrassements ; voici les chiffres trouvés :

56.000 mètres cubes pour un canal provisoire utilisable soixante-quinze jours par an.

164.000 mètres cubes pour un canal mieux établi utilisable cent vingt jours par an.

410.000 mètres cubés pour le canal définitif utilisáble neuf mois chaque année.

Une bonne partie du canal provisoire a pu être creusée avant l'hivernage au travers de la région

LE CANAL DE L'ATLANTIQUE AU TCHAD

la plus difficile, et quand les caisses ont commencé à arriver à Pogo, elles ont été dirigées immédiatement vers les chalands qui les attendaient sur le Logone.

Plus de 200 tonnes ont ainsi transité par le canal sur des pirogues en acier, et le ravitaillement de 1911 s'est trouvé par là même en avance de plus de deux mois sur les dates de passage observées en 1910.

L'histoire du canal de l'Atlantique au Tchad s'arrête malheureusement sur ce succès. Les dé-

pêches annonçant la conclusion de l'accord franco-
allemand sont venues arrêter les travaux, la colonie ne pouvant continuer à engager des dépenses
dans un pays qui allait être perdu pour elle.

J'ai eu en même temps la peine personnelle de
voir échapper à notre influence la belle région du
Haut-Logone dont j'avais dressé la première carte
en 1905-1906. Mais les sentiments n'ont pas à se
faire entendre en ces sortes de choses. Nous avons
fait un énorme sacrifice ; cependant j'estime que
l'on peut envisager sans crainte pour plus tard
l'abandon de la voie de ravitaillement Bénoué-
Toubouri-Logone.

Le territoire du Tchad est essentiellement un
pays agricole. Sauf en cas de découvertes minières
bien improbables, il ne pourra jamais exporter
autre chose que du grain (riz ou mil) et des bes-
tiaux. Je mets à part les plumes d'autruches
pour le transport desquelles il n'est pas besoin
de prévoir des moyens bien perfectionnés.

La distance énorme qui sépare le Tchad de la
mer s'oppose à l'expédition en Europe des produits
du territoire, mais celui-ci a des clients tout trouvés dans la zone équatoriale, précisément dé-
pourvue de tout ce qui abonde dans les plaines
fertiles du bassin du Chari.

L'avenir économique du pays est donc dans ses
relations commerciales avec le Congo et tous les
efforts doivent tendre à les rendre plus faciles.
C'est dans ce but qu'ont été prévus les prochains
travaux projetés : construction du chemin de fer
de Bangui à Fort-Crampel et amélioration des
voies navigables Chari-Gribingui, Oubangui et
Congo. Si l'on songe qu'au cours de l'année 1911,
la seule circonscription du Moyen-Chari a exporté
300 tonnes de mil à l'aide des moyens précaires
dont elle disposait, si l'on considère les immenses
progrès faits immédiatement par toutes les colonies de l'Afrique occidentale, dès qu'elles ont eu

leurs chemins de fer, on peut prévoir avec certitude qu'après l'achèvement des travaux en projet le tonnage des produits exportés vers le Sud par le territoire du Tchad dépassera celui du fret importé d'Europe.

Le chemin de fer français de Brazzaville à la mer sera alors terminé. Les quelque mille tonnes de marchandises, vivres européens, etc., nécessaires à la vie du territoire, pourront donc parvenir sur le Chari par une voie exclusivement française, fournissant aux bateaux et aux voies ferrées un fret de retour rémunérateur.

Tout cela, c'est l'avenir, mais il faut cependant considérer les nécessités présentes. Or, si nous sommes fermement résolus à ne pas laisser toujours aux colonies anglaise et allemande le bénéfice que leur procurerait le transit des marchandises françaises à travers leurs territoires, nous devons vivre en attendant. Les chemins de fer de l'Afrique Equatoriale Française ne sont pas commencés; pendant plusieurs années tous les moyens de transport vont être encombrés au Congo par le tonnage formidable du matériel qui devra être importé de France pour la construction des voies ferrées. Sur la route de terre entre Bangui et Fort-Crampel, les travaux du chemin de fer utiliseront toute la main d'œuvre disponible, et il sera bien difficile de trouver en même temps les porteurs ou convoyeurs nécessaires pour assurer le passage des marchandises depuis l'Oubangui jusqu'au Gribingui.

Nous aurons donc intérêt à profiter encore, pour ravitailler le territoire militaire, des avantages incontestables que présente la voie de la Bénoué, en faisant reconnaître les droits formels qui nous ont été réservés sur elle. Par suite des opérations de la délimitation, nous avons renoncé momentanément à l'utiliser; mais il est certain que dans un proche avenir le pavillon français flottera de nouveau sur les gîtes d'étape que nous aurons choisis entre Léré et le Logone. Et les chefs de poste pourront utiliser leurs loisirs en causant avec nos anciens sujets pour faire d'intéressantes comparaisons entre les méthodes de colonisation françaises et la manière allemande.

Je n'avais pas perdu mon temps entre le Logone et le Toubouri, mais je ne pouvais prolonger mon séjour dans cette région. Aussitôt après avoir expédié à Fort-Lamy le projet du canal, je suis donc parti par Laï sur Bousso, puis vers Fort-Archambault, en visitant les chantiers alors en pleine activité. Il y avait en effet urgence à profiter de la saison sèche pour étudier le passage de la ligne à travers la zone d'inondations du Bahr-Sara, puis aux environs immédiats de Fort-Archambault. J'ai donc fait encore dans cette région une vingtaine de kilomètres en cheminant au niveau à lunette, ce qui a permis au capitaine Cros, commandant la circonscription du Moyen-Chari, de faire construire peu de temps après des chaussées améliorant définitivement ces deux passages délicats.

Puis, toujours courant, je suis rentré à Bousso à la fin du mois de mai 1911. C'était en effet, le moment de commencer en ce point la construction des trois ouvrages d'art devant supporter le fil à la traversée du fleuve. Après avoir fait une triangulation assez étendue au théodolite, j'ai cherché pour les établir l'emplacement le plus favorable qui s'est trouvé heureusement à proximité immédiate du poste.

Les largeurs mesurées ont été les suivantes : entre les berges extrêmes à l'époque des crues, 1.800 mètres; entre les berges du lit principal, aux basses eaux, 745 mètres.

Sur les 1.000 mètres de la zone d'inondation, il suffisait de planter de forts poteaux protégés

par des pieux contre les chocs des corps flottants,
mais au-dessus du lit principal, le fil devait être
élevé à une hauteur suffisante pour permettre en
toutes circonstances le passage des vapeurs. Ce
résultat a été obtenu en le supportant sur trois
pylônes, les deux extrêmes reposant sur les berges
et celui du milieu étant fondé en plein fleuve sur
un banc de sable découvert seulement aux basses
eaux. Le fil devait pouvoir prendre une flèche
de quinze mètres entre les isolateurs éloignés de
375 mètres. Les données connues sur l'importance des crues, le nivellement et les sondages
faits aux points où devaient être construits ces
ouvrages, ont déterminé leurs hauteurs respec-
tives qui ont été fixées ainsi, y compris les fondations :

Pylône rive droite, 22 mètres.
Pylône central, 32 mètres.
Pylône rive gauche, 25 m. 60.

Or le passage de la ligne par Bousso n'avait été
décidé qu'en mars 1911. Le projet primitif ayant
admis que le fil franchirait le fleuve près de Fort-
Archambault, en un point où il est beaucoup
moins large, rien n'avait été prévu pour la construction d'ouvrages importants. Il était trop tard
pour commander en France des pylônes métalliques.

Nous avons donc dû nous contenter des moyens
disponibles sur place : 400 gros écrous avec quelques barres de fer rond, primitivement destinés
à jumeler des poteaux d'angles, et un gros palan
que j'avais apporté à tout hasard de Brazzaville.
Seuls les paratonnerres et leurs câbles conduc-
teurs ont été demandés d'urgence à Paris et ont
pu arriver avant les premières tornades de 1912.
Tout le reste a été trouvé sur le pays. Commencés en juin 1911, les trois pylônes ont été achevés
en février 1912. Depuis ce moment, ils subissent
sans broncher les assauts des ouragans qui déca-

pitent à chaque hivernage les arbres du poste. Le soubassement du pylône central a déjà vu passer trois fois la crue annuelle, dont la hauteur dépasse 5 mètres. Les trois ouvrages sont toujours debout, et s'ils sont bien soignés, si l'on empêche les insectes d'attaquer les bois extrêmement durs dont ils sont construits, je ne vois pas pourquoi ils tomberaient avant de longues années.

César s'est étendu avec complaisance dans ses Commentaires sur les moyens qu'il a choisis pour bâtir en dix jours un pont sur le Rhin. C'est sans doute parce qu'il était très fier de son œuvre. Celle-ci ne lui inspirait cependant guère confiance puisqu'après dix-huit jours passés en Germanie il s'est hâté de ramener ses légions sur le sol gaulois et de rompre son pont pour lui éviter le malheur de partir seul au fil de l'eau.

En employant les mêmes méthodes, nous avons mis plus de temps à planter moins de pieux, mais nous avons été très fiers aussi quand nous avons eu fini.

Le sapeur Gaudin a eu tout le mérite de l'exécution. Nous avons battu ensemble les 12 pilots nécessaires aux fondations du pylône central à l'aide d'une sonnette construite sur place; puis j'ai arrêté avec lui les plans des charpentes a établir, et je l'ai laissé seul se débrouiller avec son équipe d'ouvriers indigènes. Il a dû faire couper aux environs les bois nécessaires, les faire transporter et équarrir, tracer et exécuter les assemblages.

Aucune belle forêt ne se trouvant à proximité, il a fallu souvent aller chercher très loin les matériaux. Un des trois mâts de 10 mètres a fait 75 kilomètres porté à têtes d'hommes pour parvenir à l'atelier.

Pendant ce temps, les forgerons arabes de Fort-Lamy soudaient ensemble les petites barrettes de fer provenant des hauts fourneaux primitifs du Logone pour fabriquer 300 gros boulons qui étaient ensuite filetés à Bousso. Quand je suis revenu dans ce poste en décembre, tout était prêt pour le montage qui s'est effectué en un mois, sans un accident, grâce au soin apporté par Gaudin dans son travail antérieur.

Pendant que les charpentiers travaillaient à Bousso, les chantiers de piquetage et de débroussement continuaient leur marche sur Fort-Archambault, la mission construisait les bâtiments de Massénya et de Bousso, et faisait des briques à Miltou. Et nous espérions recevoir vers le 1er juillet les caisses d'isolateurs et de tirefonds venues par le Congo. Le chantier de construction de ligne allait donc enfin pouvoir commencer à fonctionner aussi. C'est pour le mettre en train que j'ai rejoint rapidement Fort-Lamy au commencement de juin. Bien entraîné moi-même, j'ai sans doute conduit un peu vite sur ces 300 kilomètres, M. Jean Merlou, correspondant de l'*Excelsior*, qui avait profité de l'occasion pour m'accompagner et visiter le Baguirmi. Il a eu l'élégance de ne pas se plaindre, m'a regardé avec résignation compter les piquets de la piste télégraphique, mais a été récompensé par une interview sensationnelle prise au sultan Gaourang.

En route, j'avais passé des conventions avec les chefs de villages pour leur faire assurer les transports du matériel de ligne. Dans les délais fixés, des centaines de bœufs porteurs sont venus chercher les caisses d'isolateurs et les couronnes de fil aux dépôts constitués sur le fleuve, et les ont réparties le long de la piste. Le recrutement et le dressage de l'équipe de construction de ligne ont occupé la fin de juin, et le 13 juillet j'ai définitivement abandonné à lui-même le sergent Pénard, le laissant planter ses poteaux et dérouler son fil vers Massénya.

J'ai reçu heureusement à ce moment un supplément de personnel européen : sept télégraphistes que l'on envoyait pour exploiter la ligne. Or, ils sont arrivés avant le premier tirefond.

En attendant le jour où ils ont pu s'installer à leur manipulateur, le travail ne leur a pas manqué, car il y en avait pour toutes les bonnes volontés.

Ayant donné à chacun sa tâche, ayant confié au maréchal des logis Perret la direction des chantiers, à Bousso et aux environs, j'ai pu sans inconvénient consacrer trois mois à l'étude de la ligne projetée entre Fort-Lamy et N'Guigmi.

Celle-ci n'avait pas été prévue en 1910 dans l'ensemble des travaux à exécuter sur fonds d'emprunt. En effet, le réseau de l'Afrique Occidentale n'était pas encore prolongé jusqu'au lac Tchad ; l'Afrique Equatoriale avait surtout pensé à mettre Brazzaville en communication avec Bangui, Fort-Lamy et Ouesso, comptant sur son câble de Loango à Libreville pour relier le chef-lieu même de la colonie au réseau des câbles de la côte occidentale.

Ceci supposait que Bangui pourrait être mis en communication régulière avec Brazzaville. On comptait, pour obtenir ce résultat, utiliser la ligne française en construction de Bangui à Liranga, puis passer les télégrammes au bureau belge voisin à l'aide de deux postes optiques.

Les Belges devaient transmettre les dépêches par fil jusqu'à Léopoldville, et enfin par voie optique à Brazzaville.

Mais nos voisins montrèrent peu d'enthousiasme à assurer le service du poste optique au confluent de l'Oubangui. La construction, et surtout l'entretien de la ligne française le long du fleuve rencontrèrent de grandes difficultés, si bien qu'encore en 1913, au moment de mon départ, la confirmation des télégrammes envoyée

par les vapeurs postaux arrivait quelquefois avant
les dépêches elles-mêmes.

Or, dès 1910, l'Afrique Occidentale avait repris
les travaux pour pousser son fil jusqu'à N'Guigmi,
poste situé au Nord-Ouest du Tchad. Les graves
événements qui marquèrent la fin de cette même
année firent encore ressortir plus clairement
l'isolement dont souffrait le territoire militaire,
si bien qu'en mai 1911 parvint à Fort-Lamy un
ordre du ministre des Colonies prescrivant de
commencer « sans aucun retard » la construction
d'une ligne entre Fort-Lamy et N'Guigmi.

Disponible, puisque j'avais assez de confiance
en mon personnel pour le livrer à son initiative,
je reçus du colonel Largeau l'ordre de me consacrer à cette nouvelle tâche.

Le plus pressé était de reconnaître la piste à
suivre et de la piqueter. Je choisis pour m'aider le
soldat télégraphiste Delestre, et le 28 juillet nous
quittions Fort-Lamy par la route du Kanem.

Le travail à exécuter était en somme analogue
à celui que nous avions entrepris précédemment
sur les 800 kilomètres entre Fort-Crampel et
Fort-Lamy.

J'ai appliqué les mêmes principes, mais en profitant de l'expérience acquise.

En particulier, j'ai utilisé en grand pendant ce
voyage la méthode topographique dont j'ai parlé,
qui, bien mise au point, a donné d'excellents résultats. Après quelques jours de pratique, Delestre se l'est parfaitement assimilée, si bien
qu'en arrivant à Mao, je l'ai envoyé seul lever
plus de 200 kilomètres d'itinéraires pendant que
je poussais moi-même jusqu'à Rig-Rig.

Il s'en est admirablement tiré, fermant tous
les circuits qu'il a décrits avec un écart inférieur
au centième de la distance parcourue.

Ce succès tout à son honneur est aussi une
bonne note pour le procédé.

Mais, pressé de retourner sur le Chari, j'ai dû renoncer à atteindre N'Guigmi ; d'ailleurs un travail récent du lieutenant Legrand entre ce poste et Rig-Rig aurait pu suffire à la rigueur pour guider le télégraphiste chargé de poser la ligne sur cette section. Je me suis donc arrêté au blockhaus de Rig-Rig et ai commencé en partant de ce point à planter mes piquets vers Fort-Lamy.

Jusqu'à N'Gouri, en passant par Mao, le pays se prêtait à l'exécution d'un tracé simple, et le principe des grands alignements droits a triomphé. Il y en a tout juste onze pour un parcours de 160 kilomètres.

La région comprise entre N'Gouri et Massakory est parsemée de dunes entres lesquelles se trouvent des cuvettes profondes, souvent marécageuses, ou couvertes d'une végétation assez touffue. Le tracé de la piste a donc été plus souvent brisé, de manière à éviter les passages difficiles ou les zones dans lesquelles un débroussement important eût été nécessaire.

Enfin, à partir de Massakory jusqu'à Fort-Lamy, nous avons retrouvé le pays plat et boisé, coupé de dépressions marécageuses, auquel j'avais été habitué sous des latitudes plus méridionales. Il a fallu recommencer à couper du bois pour aligner les piquets et notre marche en a été sensiblement ralentie.

Nous sommes rentrés au chef-lieu le 23 octobre, notre tâche terminée.

La longueur totale de la piste tracée était de 520 kilomètres. Tout était prévu pour commencer le débroussement et pour réunir les poteaux ; le personnel chargé de la construction était désigné, et je voyais déjà cette nouvelle ligne terminée avant la fin de 1912.

Un nouveau télégramme du ministre des Colonies est venu arrêter ces beaux projets.

Nous avons appris, en effet, la constitution

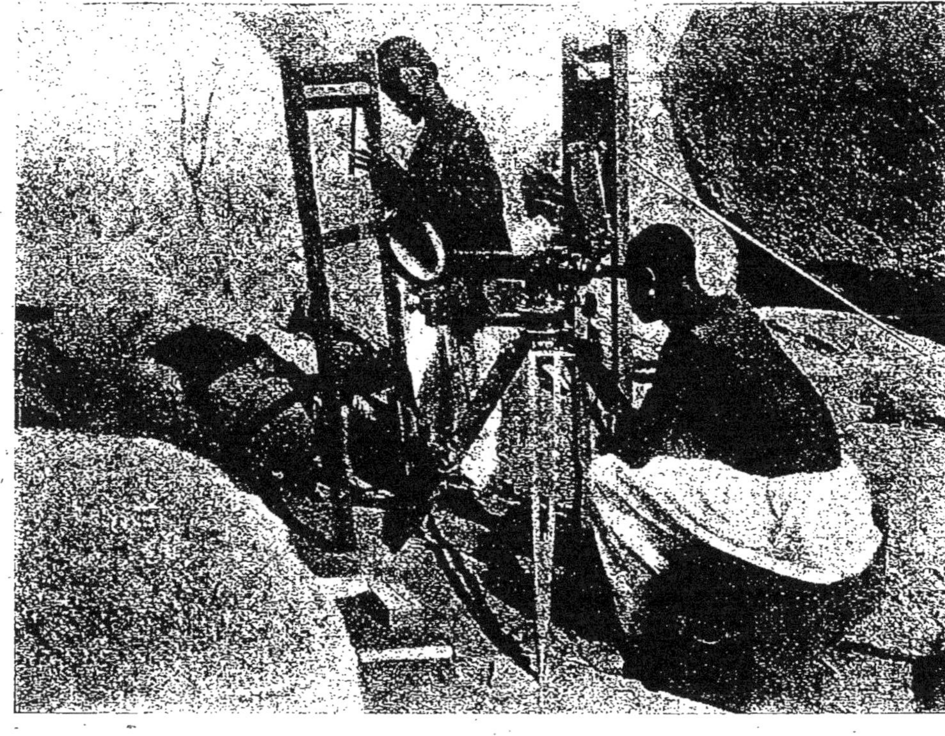

TIRAILLEURS SÉNÉGALAIS PASSANT UN TÉLÉGRAMME (POSTE OPTIQUE DE DJEMBER)

d'une nouvelle mission chargé d'installer la télégraphie sans fil.

Avec des crédits peu supérieurs à ceux qu'aurait exigés la pose du fil entre Fort-Lamy et N'Guigmi, le capitaine Chaulard a réussi dans un temps très court, non seulement à faire communiquer ces deux postes, mais encore à lancer ses ondes jusqu'à Mao, Moussoro, Ati et Abécher.

Attaché à mon système terre à terre et rétrograde, je me suis incliné devant le progrès, j'ai admiré sans réserves. Et cependant, j'ai aussitôt demandé au colonel de vouloir bien prescrire aux circonscriptions d'entretenir la piste que nous avions tracée.

Ce n'était pas avec l'intention de faire suivre ce chemin par les ondes hertziennes, c'était un peu pour en faire profiter les passagers dont il devait raccourcir et faciliter les étapes, c'était surtout parce que j'étais certain de voir un jour prochain cette piste servir précisément à l'usage auquel nous l'avions destinée.

Je sais trop ce que coûte la pose d'une ligne en Afrique pour ne pas reconnaître les avantages de la télégraphie sans fil.

Sur mer, elle rend des services immenses qui s'affirment de jour en jour plus précieux. Sur terre, on l'emploiera beaucoup à la guerre, on s'en sert quelquefois pour envoyer des messages de grandes villes à grandes villes, mais on continue toujours à tisser plus serrée l'immense toile d'araignée en fil de fer ou de cuivre qui recouvre notre vieux continent.

La T. S. F. n'a pas tué le fil, pas plus que l'aéroplane ne tuera le chemin de fer et l'automobile.

En Afrique, le Morse est toujours prêt à fonctionner, et son service n'est interrompu que par les forts orages. Toute la surveillance des lignes peut être confiée à des indigènes qui ne coûten pas cher, et dans chaque poste, si le trafic n'est pas trop considérable, un seul télégraphiste suffit. Quand il est malade, ou bien on met le fil direct et le poste seul est isolé sans interrompre le service général, ou bien un Européen quelconque se met en peu de jours au courant pour recevoir et transmettre. On n'hésite donc pas à multiplier le nombre des bureaux le long de la ligne et à en installer un dans chaque poste intéressant à desservir.

Un poste sans fil est un organisme compliqué qui surprend les profanes.

Seuls, les initiés peuvent se mêler d'y toucher, de mettre la machine en route, de manipuler ces fils effrayants devant lesquels on prévient charitablement le public qu'il court un danger de mort.

Il faut par poste au moins trois Européens spécialistes que personne ne peut remplacer s'ils viennent à manquer. Ces hommes étant difficiles à recruter et coûtant cher, on les économise fatalement en diminuant le nombre des points desservis.

A certaines heures, les courants parasites de l'atmosphère empêchent tout travail.

Le problème du ravitaillement en combustible n'est pas insoluble, mais il faut avoir vu ce qui reste dans une touque de pétrole quand elle parvient à Ati ou à Abécher pour se rendre compte des difficultés qu'il présente.

De tout cela, j'ai tiré des conclusions personnelles :

Dans la forêt équatoriale, il est presque impossible de protéger un fil contre des ruptures fréquentes ; la T. S. F. doit donc être employée de préférence. La même solution s'impose s'il s'agit de relier deux postes très éloignés (500 kilomètres ou plus), entre lesquels il n'existe aucun point intéressant à desservir ; même conclusion si le but à atteindre est d'établir les communications le plus rapidement possible.

Dans la zone des forêts claires qui commence au-dessus de Bangui, et *a fortiori* plus au Nord, il est toujours possible d'établir une ligne solide quand on veut s'en donner la peine.

Si le trafic prévu doit être important ou si sur le parcours existent plusieurs postes qu'il paraît utile de relier au réseau, on a certainement intérêt à poser le fil.

Dans les cas douteux, il faut comparer les deux solutions, en ajoutant pour chacune d'elles les frais annuels d'exploitation à l'annuité qui devra être versée pour amortir le capital engagé dans la construction. On constate ainsi bien souvent que le fil coûte moins cher.

En raisonnant sur le cas particulier de la ligne Fort-Lamy-N'Guigmi, j'ai conclu sans parti pris qu'on planterait certainement un jour des poteaux le long de ma piste.

En rentrant du Kanem, j'ai trouvé à Fort-Lamy ma case confortable ; étant par le fil en communication avec tous les chantiers de la mission, ayant sur place assez d'ouvrage pour ne pas redouter l'ennui, je suis donc resté 52 jours sans charger mes cantines sur des bœufs, et j'ai trouvé cela délicieux.

Puis en janvier 1912, nous avons monté les pylônes de Bousso ; en février, il a fallu commencer la fabrication des briques à Fort-Archambault et mettre en train les trois chantiers de ligne au Sud de ce poste. Mais au mois de mars j'ai repris une dernière fois ma liberté pour aller installer la ligne optique entre Miltou et Ati.

Au moment de mon départ de France, on venait d'apprendre le massacre de la compagnie Fiegenschuh sur l'Ouadi-Kadja.

Les circonstances montraient qu'un effort urgent était nécessaire pour faciliter les communications entre Fort-Lamy et Abécher. Et cependant le projet d'emprunt était arrêté, ne prévoyant rien pour obtenir ce résultat.

M. le Gouverneur général décida donc de commander 10 appareils optiques qui devaient être payés, partie sur les crédits de la mission télégraphique, partie sur le budget local du territoire du Tchad.

Je fus chargé d'étudier la question, étant bien prévenu que la ligne établie avec ces appareils devrait fonctionner avec le minimum de frais indispensable, et que le service en serait fait par un personnel uniquement indigène.

Aux Invalides, les hommes de l'art m'ont conseillé de choisir l'héliographe de 0 m. 20. L'appareil m'a séduit, il a été commandé à 10 exemplaires, et je suis parti, réfléchissant aux moyens à trouver pour mettre utilement entre les mains des Nègres ces instruments nouveaux. A Fort-Lamy, j'ai trouvé déjà rassemblés sur l'ordre du colonel Moll un certain nombre de tirailleurs choisis dans les compagnies parmi les plus intelligents. J'ai fait fabriquer des appareils d'exercice en attendant les vrais et on a commencé à transmettre chaque jour des points et des traits.

Je crois qu'on peut apprendre beaucoup de choses aux indigènes en se mettant à leur portée. Commandant la section d'artillerie du Tchad, j'ai toujours marché et tiré sans un seul servant européen, pointeurs, tireurs et déboucheurs sachant parfaitement lire les graduations de leurs appareils. Cependant, pour transformer des hommes analogues en télégraphistes, il fallait non seulement leur apprendre à lire et à écrire les chiffres et les nombres, mais encore leur enseigner l'usage d'appareils compliqués, les mettre en état d'assurer plus tard leur service loin de toute surveillance. Le sergent Pénard surtout s'est consacré à cette tâche avec patience et dévouement. Les progrès de l'instruction furent lents; nous avons tâtonné longtemps avant de trouver les règles de service les plus pratiques, mais quand les héliographes sont arrivés, le règlement était rédigé et le personnel était en état de l'appliquer. On transporta l'école d'instruction à Miltou, et pendant quelques jours la ligne fonctionna à blanc sur les rives du Chari, les dix postes se répondant mutuellement d'un banc de sable à l'autre. Il ne restait plus qu'à la déployer et à voir si les télégraphistes travailleraient aussi bien avec leurs correspondants placés à 40 ou 50 kilomètres qu'en les apercevant à 2.000 mètres.

Le colonel Largeau avait décidé que la ligne optique partant de Miltou passerait par Melfi pour atteindre le poste d'Ati, situé presque aux deux tiers du chemin sur la route de Fort-Lamy à Abécher.

L'installation ne devait d'ailleurs être que provisoire, puisqu'un poste sans fil allait être monté à Ati au début de 1913. Si les résultats de l'expérience tentée se montraient suffisants, il était entendu que les appareils optiques seraient plus tard transportés au Ouadaï pour assurer les communications avec Abécher des divers postes militaires répartis sur la frontière du Dar-Four.

Je me suis donc rendu de Miltou à Ati en recherchant successivement la position de tous les postes. Le pays se prêtait très bien à leur installation, étant parsemé de massifs rocheux qui semblaient placés exprès pour élever les appareils au-dessus de la plaine. Un télégraphiste européen suivait à une étape en arrière et nous nous portions tous deux ensemble en avant dès que la communication était établie entre le dernier et l'avant-dernier poste installés.

Je suis tombé malheureusement sur la saison la plus chaude, et cette circonstance a souvent rendu très pénibles les ascensions sur les rochers brûlants. Ayant bien travaillé toute la journée, il m'est arrivé plusieurs fois de faire dans la nuit l'étape de 40 ou 50 kilomètres nécessaire pour atteindre la montagne suivante, et de faire aussitôt l'ascension de celle-ci, pour profiter d'une belle journée avec temps clair. Car les premières tornades sèches soulevaient fréquemment des brumes de poussière masquant complètement les vues. Il fallait alors attendre, et j'en profitais pour faire bâtir les cases des télégraphistes.

Aux environs de Melfi, j'ai passé cinq jours entiers à gravir matin et soir les divers sommets avant de découvrir le bon. L'avant-dernier poste, situé sur la montagne du Médogo, n'a trouvé son emplacement définitif qu'après huit jours de recherches.

Enfin, le 2 mai 1912, le premier télégramme a été passé d'Ati à Miltou et à Fort-Lamy.

Les dix postes étaient séparés par des intervalles variant de 30 à 50 kilomètres, la longueur totale de la ligne installée atteignant 371 kilomètres.

J'ai profité du voyage de retour pour déterminer au théodolite par latitudes et azimuts les coordonnées géographiques des sommets de cette immense ligne polygonale, tout en mesurant aussi les altitudes de nombreux points intéressants ; (le poste optique le plus élevé est à 340 mètres au-dessus de la plaine environnante ; le point culminant de la région est le massif du Guéra dont l'altitude absolue atteint 1.790 mètres).

Les résultats pratiques de cette expérience un peu osée ont été souvent excellents, puisque Fort-Lamy a pu obtenir en deux jours la réponse à des télégrammes expédiés à Ati, mais ils se sont trouvés très irréguliers. L'héliographe est un appareil extraordinairement puissant par temps clair et beau soleil ; j'ai aperçu parfois son feu à 80 kilomètres de distance. Mais dès que le ciel est brumeux, il ne donne plus rien.

Le parcours choisi était vraiment trop long; quand il faisait beau temps à une extrémité, les nuages gênaient souvent les communications à l'autre bout de la ligne.

Enfin les télégraphistes indigènes étaient trop isolés et livrés à eux-mêmes.

Je suis persuadé qu'au Ouadaï où les postes à desservir sont beaucoup plus rapprochés, ce système éminemment économique a dû rendre de très bons services.

D'ailleurs, sitôt terminée l'organisation de cette œuvre nouvelle, j'en ai remis la direction aux camarades commandant les subdivisions voisines, car d'autres soucis me rappelaient d'urgence sur le haut Chari.

Plusieurs sous-officiers de la mission, surmenés par deux ans de travail intensif, avaient dû être rapatriés en mon absence. La plupart des télégraphistes, qui s'étaient d'abord trouvés disponibles pour les travaux de construction, avaient été successivement installés dans les divers bureaux livrés à l'exploitation.

Rentré à Fort-Archambault en juin 1912, j'ai dès lors consacré tout mon temps à l'achèvement de la ligne.

Le sergent Schmit et le caporal Strappe, l'un débroussant la piste, l'autre plantant les poteaux avançaient alors péniblement vers le Sud, et avaient à peine dépassé Kabo. La forêt devenait plus dense, le terrain plus accidenté; les populations moins nombreuses fournissaient difficilement les travailleurs nécessaires; et surtout la famine menaçait les équipes.

Cependant, deux baleinières circulaient constamment sur le Gribingui pour monter du mil pris à Fort-Archambault jusqu'aux points de débarquement les plus favorables. Mais les tornades mouillaient le grain en route, et les porteurs chargés de le conduire ensuite jusqu'aux chantiers pillaient dans les paniers ce qui n'était pas encore pourri. Comme le pays ne fournissait rien, tout le monde souffrait de la faim, et le travail n'avançait plus.

Si les mêmes inquiétudes m'avaient surpris deux ans plus tôt, je me serais probablement précipité sur place; mais l'expérience m'avait appris à rester calme. Au fond, rien ne nous pressait, car la ligne ne pouvait être ouverte avant l'arrivée du dernier lot des isolateurs, qui était encore cette fois à la traîne sur le Congo. Si le travail avait été fini trop tôt à Fort-Crampel, il eût fallu licencier l'équipe, ou la nourrir sans rien faire en attendant les caisses.

Je me suis donc contenté d'envoyer aux chefs de chantiers de bonnes paroles avec des renforts, des bœufs et du mil; j'ai fait appel par lettres à toutes les bonnes volontés qui pouvaient hâter l'arrivée des isolateurs; et je suis resté à Fort-Archambault pour achever toutes les installations dans ce poste et aux environs.

A cette époque ont été montés les deux mâts de 16 mètres qui soutiennent le fil au-dessus du Bahr-Sara. L'opération assez délicate eût été un jeu pour le sapeur Gaudin et ses charpentiers, si la corde du palan n'avait refusé tout service au dernier moment. On s'en est tiré tout de même

Les maçons du brigadier Ognier ayant terminé leur travail sont allés pendant ce temps dérouler le fil et l'accrocher au sommet des poteaux déjà plantés, de manière à réduire au strict minimum ce qui resterait à faire au moment de l'arrivée des isolateurs.

Quand à la fin de juillet les caisses attendues m'ont été annoncées de Bangui, j'ai pu partir pour Fort-Crampel, laissant tout achevé derrière moi Même Gaudin avait trouvé le temps de construire un bateau en bois dont l'aspect étonna fort les fabricants de pirogues.

Mais les derniers Européens qui restaient de l'ancien personnel de la mission étaient au bout de leurs forces. Je ne pouvais leur demander un nouveau séjour dans la brousse, et j'ai dû les mettre en route pour la France.

J'ai eu la satisfaction d'apprendre plus tard que tous étaient rentrés chez eux sans encombre.

La mission télégraphique a eu ainsi le bonheur, que je n'osais presque espérer au départ, d'achever sa tâche sans perdre aucun des siens. Et cependant la mort avait frappé souvent autour de nous ; le 26 juin encore, nous avions tristement rendu les derniers honneurs au malheureux Hubert Latham, tué par un bœuf sauvage deux jours après avoir reçu gaiement nos souhaits de bon voyage !

Arrivant à Fort-Crampel le 7 août, j'ai trouvé l'accueil le plus cordial et un secours précieux chez les administrateurs de la circonscription. Les populations ont vite compris qu'il fallait en finir, la route du Chari m'a prêté du mil, pris sur ses approvisionnements, et les travaux ont repris une nouvelle activité.

Mais, n'ayant plus personne pour tenir le bureau télégraphique à Fort-Archambault, j'ai dû renvoyer le sergent Schmit dans ce poste, et prendre moi-même sa place le 15 août comme chef de chantier. J'avais déjà une haute estime pour mes collaborateurs qui avaient eu la constance de faire ce métier pendant si longtemps ; j'ai apprécié encore davantage les services rendus par eux, après avoir vécu la même vie pendant quinze jours.

Les dernières caisses d'isolateurs sont enfin parvenues à Fort-Crampel le 7 septembre, contenant malheureusement beaucoup de verre cassé. Soigneusement triés au fur et à mesure de leur arrivée, tous les isolateurs utilisables étaient envoyés directement à l'équipe des monteurs. Celle-ci était partie de nouveau vers le Nord dès le 1ᵉʳ septembre, sous la direction du caporal Strappe qui devait s'installer à Kabo; je comptais que, dès son arrivée dans ce poste, il communiquerait avec Fort-Crampel et j'espérais l'appeler moi-même bien vite de Fort-Archambault.

Car il fallait encore sceller des cloches neuves sur les consoles en fer dont les verres avaient été brisés pendant les transports. J'avais fait préparer en dépôt dans un village sur le Haut-Chari tout ce qu'il fallait pour entreprendre ce travail. Installé dans une baleinière chargée de consoles, j'ai rapidement descendu le Gribingui pour aller organiser l'atelier de scellement. J'ai appris un nouveau métier, celui de plâtrier, prenant comme auxiliaires bénévoles tous les enfants du village; vingt-quatre heures après mon arrivée, plus de 1.000 isolateurs étaient prêts à partir, bien emballés dans des paniers. Ils ont été transportés immédiatement sur la ligne au-devant des monteurs, qui les ont reçus au moment où allait être épuisé le matériel venu de Fort-Crampel.

Ayant pris le temps de faire une visite au colonel Largeau sur le vapeur qui le ramenait vers la France, je suis parti ensuite retrouver mes ouvriers qui avec une ardeur remarquable couraient avec leurs échelles de poteau en poteau.

Le 28 septembre à midi, tout était terminé. La ligne aurait donc dû fonctionner, et en arrivant à Fort-Archambault le 30 je pensais goûter enfin la joie du succès.

Or, j'ai appris en entrant au poste que Kabo restait sourd aussi bien aux appels lancés du Nord qu'à ceux venant du Sud !

Croyant d'abord à une rupture du fil, accusant bien à tort les girafes de m'avoir joué un

mauvais tour, j'ai envoyé des surveillants indigènes sur la ligne ; puis, le 6 octobre, j'ai perdu
patience et me suis décidé à partir. Le tirailleur
qui m'a suivi a fait à pied, souvent dans l'eau,
200 kilomètres en moins de quatre jours ; et j'ai
trouvé à Kabo mon caporal malade, désespéré
devant ses appareils muets.

Il n'y avait cependant pas grand'chose à faire
pour réparer le dérangement ; une heure après
mon arrivée, je causais avec Fort-Archambault
et le lendemain 11 octobre 1912, à 9 heures, Fort-
Crampel me répondait.

Il était temps, car la T. S. F. venait de commencer son service entre Fort-Lamy et N'Guigmi ;
les lignes de l'Oubangui-Chari étaient aussi ter-
minées ; on n'attendait plus que moi pour donner
enfin la vie à tout cet immense réseau. Mes premiers télégrammes ont donc été bien accueillis.

Depuis ce moment, le fil travaille tous les jours
toute la journée ; on se demande comment on
avait fait pour s'en passer auparavant ; les indigènes ne sont pas les derniers à s'en servir et
trouvent tout naturel de verser 0 fr. 10 par mot
pour envoyer des amitiés à leurs femmes ou ren-
seigner un ami sur le cours des kolas.

Au point de vue technique, nous avons eu un
succès à enregistrer : Bangui et Fort-Lamy tra-
vaillent chaque jour directement ensemble. Or
la distance qui sépare ces deux villes est de
1.200 kilomètres.

La suite du récit n'intéresserait guère que les
bureaux de la colonie. Au lieu de rentrer en
France, j'ai dû me rendre à Fort-Lamy, établir
des comptes, inventaires, rapports, etc., séjour-
ner encore à Bangui, puis à Brazzaville. Le total
général des dépenses de la mission a pu ainsi être
déterminé exactement et arrêté à 490.000 francs.
Enfin, quand tout a été mis au point, on m'a
laissé partir et c'est le 13 mars 1913 que j'ai revu

la terre de France, un peu plus de trois ans après l'avoir quittée.

La campagne avait été dure ; nous avions tous beaucoup travaillé et même souffert ; j'avais fait pour ma seule part près de 12.000 kilomètres á pied ou à cheval, sans compter les voyages sur les fleuves ; mais le succès avait couronné toutes nos entreprises. J'ai déjà dit le dévouement, l'intelligence et l'énergie dont ont fait preuve constamment les Européens que j'ai eus sous mes ordres. Je veux insister encore sur le mérite du personnel indigène, qui a accompli toute la besogne matérielle. Nous avons demandé à ces hommes de rudes efforts, et jamais ils ne les ont trouvés trop pénibles. Sénégalais, Arabes, Niellims, Saras ont rivalisé d'ardeur pour concourir à l'achèvement de notre œuvre, qui était un peu devenue la leur. Ils ont vécu dehors de longs mois, recevant les tornades sans se plaindre, travaillant souvent des journées entières dans l'eau ou dans la boue, désolés quand la maladie ou une blessure obligeait leur chef à les mettre au repos. Ce deuxième séjour au Tchad a encore fortifié mon estime pour les populations que j'y ai connues.

L'indigène de ce pays est perfectible ; il comprend ce qu'on lui enseigne et ne demande qu'à apprendre s'il y voit son intérêt. J'estime qu'on peut avoir confiance dans l'avenir du territoire militaire. Son sol est peut-être moins riche que celui d'autres colonies, mais il porte des hommes qui sauront bien le mettre en valeur un jour. Le chemin de fer projeté entre Bangui et Fort-Crampel ne servira donc pas seulement des intérêts militaires ou administratifs ; il sera une voie commerciale qui donnera la vie économique à un immense pays dès maintenant prêt à se développer.

En attendant le jour où ils pourront prendre

le train, les camarades qui nous ont succédé là-
bas se contentent de recevoir des nouvelles. La
ligne télégraphique, entretenue avec sollicitude
par les circonscriptions, leur apporte en deux
jours les dépêches venues de Brest, Dakar et
N'Guigmi ; j'espère qu'en les lisant ils pensent
parfois un peu à ce qu'a fait pour eux, pour
la colonie, pour la France, la mission télégraphique.

LANCRENON.

Lorient, décembre 1913.

PARIS — IMPRIMERIE LEVÉ, RUE CASSETTE, 17.